콜럼버스의 지도

글 게리 베일리·캐런 포스터
그림 레이턴 노이스·캐런 래드퍼드
옮김 김석희

밝은미래

글

게리 베일리 캐나다에서 태어나 대학에서 역사학을 공부했으며, 중학교에서 학생들을 가르쳤습니다. 어린이를 위한 교양 도서를 주로 썼으며,
특히 역사와 과학에 관한 것이 많습니다. 지은 책으로 〈고대 문명〉〈동물들도 말을 한다〉〈365일 역사〉 등이 있습니다.
캐런 포스터 대학에서 임상심리학을 공부했습니다. 사람들이 당연하다고 여기는 것을 남달리 생각하기를 좋아합니다.
현재 포틀랜드에 살면서 미국 전역을 여행하는 걸 즐깁니다.

그림

레이턴 노이스 영국 캠버웰 칼리지에서 예술학을 전공하고, 이후 약 70권의 어린이 책에 그림을 그렸습니다.
날마다 더 나은 그림을 그리기 위해 항상 노력하는 일러스트레이터입니다.
캐런 래드퍼드 대학에서 일러스트레이션을 공부했습니다. 언제나 즐겁게 그림을 그리려고 노력하는 일러스트레이터입니다.

옮김

김석희 서울대학교 인문대 불문학과를 졸업하고 대학원 국문학과를 중퇴했으며, 1988년 한국일보 신춘문예에 소설이 당선되어 작가로 데뷔했습니다.
영어·프랑스어·일어를 넘나들면서 〈초원의 집〉 시리즈 〈모비 딕〉 〈삼총사〉 〈해저 2만 리〉 〈로마인 이야기〉 〈꽃들에게 희망을〉 〈오즈의 마법사〉
〈이상한 나라의 앨리스〉 〈하룬과 이야기 바다〉 등 2백여 권을 번역했고, 역자 후기 모음집 〈번역가의 서재〉와 귀향살이 이야기를 엮은
〈이 또한 즐겁지 아니한가〉 등을 펴냈으며, 제1회 한국번역상 대상을 수상했습니다.

그레이트 피플 ❹

콜럼버스의 지도

초판1쇄 발행 2012년 12월 12일 | **초판3쇄 발행** 2015년 8월 7일
펴낸이 도승철 | **펴낸곳** 밝은미래 | **등록** 2005년 5월 2일 (제105-14-87935호) | **주소** 서울시 마포구 잔다리로3안길 36
전화 322-1612~3 | **팩스** 322-1085 | **홈페이지** http://www.bmirae.com
편집 송재우 고지숙 | **디자인** 문고은 | **마케팅** 박선정 | **경영지원** 강정희
표지 및 본문 디자인 뭉클
ISBN 978-89-6546-073-2 74990 | 978-89-6546-090-9(세트)

Copyright © 2010 Palm Publishing, LLC All rights reserved.
Korean Translation Copyright © 2012 by Minumin
Korean edition is published by arrangement through EYA.
이 책의 한국어 판 저작권은 (주) 민음인과 독점 계약한 밝은미래에 있습니다.
저작권법에 의해 한국 내에서 보호를 받는 저작물이므로 무단 전재 및 복제를 금합니다. 책값은 뒤표지에 있습니다.

사진 및 자료 : 원저작권사인 Palm Publishing사와의 협의 하에 생략합니다.

차례

러미지 만물상	10
크리스토퍼 콜럼버스	13
제노바 항구	14
리스본	17
이사벨라 여왕의 후원	19
콜럼버스의 항해	20
세 척의 배	23
선상 생활	24
조타실에서	26
육지다!	28
대규모 함대	31
신대륙	32
최고의 항해	35
다시 스페인으로	36
아메리카	39
콜럼버스에 대한 기록	40
어휘 사전 ǀ 찾아보기	41

러미지 할아버지

골동품 가게 주인이다. 가게에는 저마다 재미난 사연이 얽혀 있는 물건들이 잔뜩 쌓여 있어 호기심을 자극한다.

디그비

보물 수집가 디그비는 토요일마다 러미지 할아버지의 골동품 가게에서 물건을 고르고, 새로 찾아낸 진기한 물건에 얽힌 사연을 듣는다.

한나

디그비의 누나로, 따지기를 좋아하는 열 살짜리 소녀. 러미지 할아버지가 하는 말은 한마디도 믿지 않는다.

빌지 부인

손수레를 밀고 시장을 돌아다니면서 쓰레기를 줍는다. 문제는 러미지 할아버지의 가게에 있는 물건을 쓰레기로 알고 내다 버린다는 것이다.

클럼프머거

희귀한 책들을 파는 서점 주인이다. 가게에는 옛 지도와 먼지 쌓인 책과 낡은 신문들이 가득하다.

토요일 아침이면 벼룩시장은 와글와글 활기를 띤다. 장사꾼들은 해가 뜨기도 전에 벌써 자리를 잡는다. 사람들이 잠자리에서 일어날 때쯤이면 좌판이 차려지고, 상자가 열리고, 물건들이 꼼꼼하게 진열된다.

시장 곳곳에 물건들이 수북이 쌓여 있다. 벨벳 천 위에는 귀한 브로치와 보석이 박힌 단검이 있다. 그 뒤에는 유명한 인물들의 초상화가 그려진 커다란 액자, 반들반들한 천에 장식 술이 달린 등잔, 옛날식 세면대가 있다. 이 세면대에 물을 부으면 금이 간 틈새로 물이 뚝뚝 떨어진다. 온종일 상자 속에서 주인을 기다리는 물건들도 있다. 멋진 무공 훈장이 한 줄로 나란히 걸려 있고, 가죽끈 달린 회중시계가 째깍째깍 소리를 내며, 특별한 날 쓰는 은수저와 포크와 나이프가 반짝반짝 빛을 낸다.

하지만 러미지 할아버지의 가게는 뭔가 좀 다르다. 러미지 만물상에는 아무도 갖고 싶어 할 것 같지 않은 온갖 이상한 물건들이 한가득 쌓여 있다.

배가 빵빵한 생쥐 인형을 누가 갖고 싶어할까? 세상에 부러진 주머니칼이나 틀니 한 쌍을 사려는 사람도 있을까?

그런데 러미지 할아버지는 이런 물건들을 모두 갖고 있다. 그리고 여러분도 이미 예상하고 있겠지만, 값도 별로 비싸지 않다!

디그비는 러미지 할아버지의 가게로 걸어가면서 즐겁게 콧노래를 불렀다. 여덟 살 디그비는 동네에서 꽤 이름난 골동품 수집가이다. 아니, 적어도 자신은 그렇게 생각하고 있다. 디그비는 친하게 지내는 러미지 할아버지가 오늘도 값싸고 좋은 물건을 구해 놓았을 거라는 생각에 들떴다. 하지만 열 살짜리 누나 한나는 디그비와 나란히 걸어가면서 전혀 다른 생각을 하고 있었다.

'러미지 할아버지가 디그비한테 물건을 팔려고 또다시 터무니없는 이야기를 늘어놓겠지.'

여느 때처럼 러미지 할아버지의 가게는 어수선해 보였다. 사방에 온갖 잡동사니가 수북이 쌓여 있었다.

"안녕, 얘들아! 이리 들어오렴. 너희 도움이 필요해. 아주 중요한 지도를 잃어버렸지 뭐냐."

러미지 할아버지가 말했다. 마침 빌지 부인이 쓰레기를 담은 수레를 밀고서 러미지 할아버지의 가게를 떠나 길 아래쪽으로 덜컹거리며 내려가는 것을 보고 한나가 말했다.

"아마 아줌마가 쓰레기와 함께 버리셨을 거예요." 그러고는 고함을 질렀다. "잠깐만요! 빌지 아줌마, 잠깐만 기다리세요."

"이번엔 또 뭐야? 왜 사람들은 남이 일하게 내버려 두지 못할까. 도무지 알 수가 없네." 빌지 부인이 걸음을 멈추고 돌아서면서 투덜거렸다. "그리고 저 러미지 씨 가게는 아주 망신거리라니까……." 한나는 빌지 부인의 수레로 다가가면서 부인의 말을 가로막았다.

"잠깐 살펴봐도 괜찮죠?" 한나는 수레에 실린 쓰레기를 뒤지기 시작했다.

"도대체 뭘 찾고 있는 거냐?" 빌지 부인이 못마땅한 얼굴로 물었다.

"찾았다!" 한나가 누렇게 바랜 두꺼운 종이 한 장을 들어 올리면서 외쳤다. 낡은 양피지처럼 보이는 물건이었다.

 # 크리스토퍼 콜럼버스
Christopher Columbus

"그 쓰레기를 뭐에 쓰려고?" 빌지 부인이 코를 찡그리고 물었다.

"그건 쓰레기가 아니라 지도요. 그것도 보통 지도가 아니라, 크리스토퍼 콜럼버스의 지도란 말씀이지! 빌지 부인, 너무…… 깔끔하셔서 고맙소."

"천만에요." 빌지 부인은 팔짱을 끼면서 콧방귀를 뀌었다.

"그런데 크리스토퍼 콜럼버스는 정확히 어떤 사람이에요?" 한나는 디그비가 흥분하여 눈을 빛내는 것을 보고 의심스러운 얼굴로 물었다.

"크리스토퍼 콜럼버스는 탐험가였단다. 아메리카를 발견한 사람이지."

▲ 콜럼버스의 방패 모양 문장이란다.

크리스토퍼 콜럼버스는 1451년 이탈리아 북부의 번화한 항구 도시 제노바에서 태어났단다. 원래 이름은 '크리스토포로 콜롬보'지만, 많은 사람들은 영어식 이름인 '크리스토퍼 콜럼버스' 또는 '콜럼버스'로 알고 있단다.

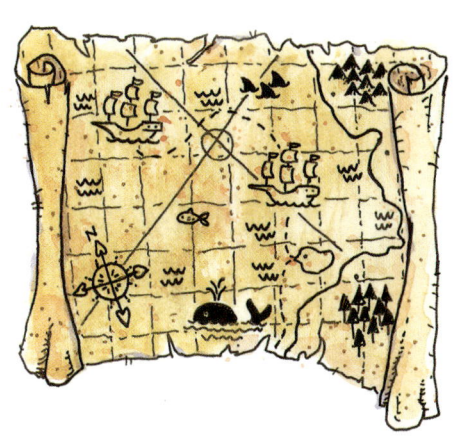

콜럼버스는 자라서 선원이 되었어. 그의 꿈은 바다를 탐험해서 당시 '인도'라고 불린 아시아로 가는 빠른 뱃길을 발견하는 것이었어. 그는 서쪽으로 항해하면 그곳에 이르게 될 것이라 생각하고 탐험을 계획했어. 결국 그는 계획한 대로 대서양을 건넜지만, 아시아에 도착하지는 못했단다. 아메리카 대륙이 방해가 되었기 때문이야.

제노바 항구

중세의 제노바는 번화한 항구이자 중요한 교역 중심지였어. 콜럼버스가 태어났을 무렵 제노바는 상인과 금융업자와 선주들이 지배하는 부유한 도시 국가로 성장했단다.

▼ 콜럼버스는 수도원에서 읽기와 쓰기를 배웠고, 천문학과 기하학도 배웠어. 이 지식은 나중에 배를 타고 탐험을 떠날 때 도움이 되었어.

콜럼버스의 가족

콜럼버스는 항구 근처에 있는 작은 집에서 태어났단다. 아버지 이름은 '도메니코 콜롬보'였고, 어머니는 '수산나 폰타나로사'였어. 콜럼버스의 인생은 처음부터 오르막과 내리막으로 얼룩져 있었단다. 때로는 너무 가난해서 가족들이 끼니를 거를 정도였지만, 또 어떤 때는 풍족하게 지내기도 했단다. 모든 일은 아버지 친구인 상인들이 제노바에서 권력을 잡느냐 못 잡느냐에 달려 있었어.

심부름꾼 소년

콜럼버스는 청소년 시절 배에서 심부름꾼으로 일했고, 그 후 선원이 되었어. 선원이 된 콜럼버스는 그리스, 스페인, 포르투갈, 아이슬란드까지 세계 각지를 여행하면서 세계에 대해 새로운 것들을 보고 배웠지. 이 경험은 얼마 뒤 콜럼버스가 인도 항로 탐험을 떠나는 항해에 아주 유용하게 쓰이게 되었단다.

"아메리카가 어디 있는지는 저도 알아요. 그곳이 아주 크다는 것도 알고요." 디그비가 말했다.

"맞아. 아메리카는 대륙이고, 대륙은 지구에 있는 넓은 땅덩어리지." 러미지 할아버지는 뒤에 있는 선반에서 지구의를 집어 들면서 말했다. "세계에는 일곱 대륙이 있단다. 여기가 바로 아메리카 대륙이야."

"저도 알아요. 일곱 대륙은 아시아, 유럽, 아프리카, 남극, 오세아니아, 북아메리카, 그리고 남아메리카죠." 한나가 우쭐한 표정을 지으면서 말했다.

"알았어요. 그럼 콜럼버스가 어떻게 아메리카를 발견했는지 이야기해 주실래요?" 디그비가 러미지 할아버지를 간절한 눈길로 쳐다보면서 말했다.

"그래, 좋다. 콜럼버스 이야기는 사실 제노바에서 시작된단다. 제노바는 이탈리아 북서 해안에 있는 도시야." 러미지 할아버지는 지구의에서 제노바가 표시된 곳을 가리키며 말했다. "콜럼버스의 아버지 도메니코는 모직물을 짜는 직물업자였고, 콜럼버스는 어렸을 때 아버지 일을 도왔지."

"학교에는 안 다녔나요?" 디그비가 물었다.

"콜럼버스는 아버지와 함께 모직물을 짜다가도 걸핏하면 번화한 항구로 도망치곤 했어. 동양에서 비단과 향신료를 싣고 들어오는 배들을 보는 것이 낙이었지. 제노바 소년들이 대부분 그랬듯이 콜럼버스의 꿈도 선원이 되는 것이었단다."

"콜럼버스는 잘생겼나요? 그 사람 사진은 없어요?" 한나가 물었다.

"콜럼버스는 키가 크고 건장한 젊은이로 자라났지. 하지만 1400년대에는 카메라도 없고 필름도 없었으니까, 동상과 초상화 몇 장을 보고 판단할 수밖에 없어." 러미지 할아버지는 눈을 반짝반짝 빛내면서 말했다.

"스물다섯 살이 되었을 때 콜럼버스는 벌써 노련한 선원이 되었지만, 그때 불운이 닥쳤어."

"어떤 불운요? 배가 난파했나요?" 디그비가 물었다.

"그래. 1476년 제노바 함대와 함께 영국으로 오다가 지브롤터 해협에서 해적의 습격을 받았어. 그 바람에 콜럼버스가 탄 배가 불타 버렸단다."

"콜럼버스는 어떻게 살아났어요?" 디그비가 물었다.

"부러진 노 하나에 매달려 살아났지. 몇 시간 동안 바다를 떠다니다가 마침내 포르투갈 해안에 이르자 헤엄을 쳐서 상륙했어. 거기서 포르투갈 수도 리스본으로 갔단다."

유익한 결혼

1479년 콜럼버스는 마데이라 섬 총독의 딸인 펠리페 페레스텔로와 결혼했단다. 이 결혼 덕분에 콜럼버스는 중요한 사람들을 만나서 많은 도움과 조언을 얻었고, 노련한 선원들과도 가까워졌어. 펠리페는 남편 콜럼버스에게 마데이라 섬 총독이었던 아버지의 바다 지도와 기록을 주었어. 덕분에 콜럼버스는 포르투갈 사람들이 무엇을 발견했는지 더 잘 알게 되었어. 하지만 불행히도 펠리페는 1480년 아들 디에고를 낳자마자 세상을 떠났단다.

리스본

포르투갈은 부유했고 세계 최대의 해양 국가였기 때문에, 많은 제노바 사람들이 그곳으로 이주했단다. 콜럼버스 또한 선장이 되겠다고 결심하고서 포르투갈의 리스본에 정착했어. 그 후 몇 년 동안 콜럼버스는 형의 작업장에서 지도 제작자로 일하는 틈틈이 아프리카 해안을 따라 항해했어. 그는 곧 어떤 선원 못지않게 바다를 잘 알게 되었단다.

몽상가 선원

콜럼버스는 처음에 자신의 '인도 항로 탐험 계획'을 포르투갈 왕인 주앙 2세에게 가져갔어. 하지만 신하들은 비용이 너무 많이 들 거라고 왕을 설득했지. 게다가 왕실의 선원들은 콜럼버스를 꿈 같은 상상을 하는 '몽상가'라고 비난했단다. 그들은 서쪽 바다에는 쓸모없는 섬들만 있을 거라고 생각했어.

◀ 콜럼버스 시대에는 지금 우리가 알고 있는 세계의 대부분이 지도에 나타나 있지 않았어.

◀포르투갈 왕 주앙 2세.

지구는 둥글다

리스본은 유럽의 가장 서쪽에 있는 도시란다. 그 당시 사람들은 리스본 저 너머에 무엇이 있는지 알지 못했어. 콜럼버스는 서쪽으로 항해해서 대서양을 건너면 아시아와 인도에 도착할 수 있다고 확신했어. 하지만 다른 탐험가들은 동쪽으로 항해를 해야 인도에 도착할 거라고 생각했지. 콜럼버스는 그들이 틀렸다는 것을 증명하기로 결심했어.

"**포**르투갈 사람들은 나중에 머리를 쥐어뜯었겠군요." 한나가 싱긋 웃으며 말했다.

"그랬겠지. 콜럼버스는 스페인 왕과 여왕에게 항해 계획안을 가져가기로 마음먹었으니까."

"그래서 스페인 왕과 여왕은 그 계획을 추진하라고 명령했나요?"

"그렇지는 않아. 사실 계약을 맺기까지는 7년이 걸렸단다."

"뭐라고요?" 한나가 외쳤다.

"그래, 7년……. 어쨌든 콜럼버스가 아들과 함께 스페인에 도착했을 때 후안 페레스라는 수도사를 만났는데, 그건 행운이었어. 페레스는 왕실의 고해 신부였거든. 콜럼버스를 페르난도 왕과 이사벨라 여왕한테 소개해 주었지."

"그들이 콜럼버스의 계획에 동의했나요?" 디그비가 물었다.

"흥미를 보이기는 했지만, 마침 때가 안 좋았어. 스페인 왕실은 무어 인들과 싸우느라 너무 바빴거든. 무어 인은 수백 년 동안 스페인을 점령한 이슬람 교도야. 스페인은 콜럼버스의 계획에 많은 관심을 기울일 수가 없었단다."

"그런데 무어 인들과 싸워서 이겼나요?"

"그럼. 그래서 상황이 달라졌지. 스페인 군대는 그라나다 전투에서 이겨서 무어 인을 몰아냈단다. 페르난도 왕과 이사벨라 여왕도 이제는 콜럼버스의 계획에 많은 관심을 쏟을 수 있게 되었지."

"이제는 그래도 좋을 때죠!" 한나가 말했다.

  # 이사벨라 여왕의 후원

콜럼버스는 스페인 왕 페르난도와 젊은 아내 이사벨라가 화려한 궁전으로 그를 부르자 희망에 부풀었단다. 그는 이야기로만 들은 적이 있는 머나먼 나라, 중국과 일본을 탐험할 계획을 치밀하게 세워서 왕과 여왕에게 이야기했어. 하지만 그들은 콜럼버스의 생각을 받아들이지 못하고 그를 돌려보냈단다.

▲왕의 깃발

▲왕의 방패 모양 문장

거래 성립

무려 7년 동안 콜럼버스는 그들을 설득하려고 애썼어. 하지만 결국 희망을 잃고 빈털터리가 되어 노새를 타고서 스페인 궁전을 떠났지. 그가 막 성문을 나오려 할 때, 돌아와서 거래하자는 이사벨라 여왕의 연락을 받았어. 콜럼버스에게 인도로 항해할 비용을 대 준 사람은, 지성과 학식을 갖춘 이사벨라 여왕이었단다. 페르난도 왕은 전쟁으로 바닥난 금고를 다시 채우는 데 더 관심이 많았어.

콜럼버스의 보수

콜럼버스는 헐값에 항해할 생각이 없었단다. 그는 자기가 발견한 낯선 땅에서 얻게 될 황금과 향신료, 비단, 노예의 10분의 1을 달라고 요구했어. 콜럼버스는 '바다의 제독'이 되고 싶었고, 자기가 발견한 땅을 통치할 수 있기를 바랐어. 독실한 가톨릭 신자인 콜럼버스는 왕과 여왕이 도와준 대가로, 인도에서 왕과 여왕 대신 인도 주민들을 다스리고 가톨릭으로 개종시키겠다고 약속했단다.

콜럼버스의 항해

첫 번째 항해

콜럼버스는 1492년 8월 3일 팔로스 항구를 떠났단다. 세 척의 배는 남쪽으로 내려가 카나리아 제도 근처에서 카나리아 해류를 만난 뒤 서쪽으로 방향을 돌렸어. 10월 12일, 망을 보던 선원이 처음으로 육지를 발견했어. 그들이 어디에 상륙했는지는 아무도 몰라. 아마 바하마 제도의 와틀링 섬이나 세마나 산호초였을 거라고 추측할 뿐이지.

세 번째 항해

세 번째 항해는 1498년부터 1500년까지 2년이 걸렸단다. 콜럼버스는 남아메리카 지역 일부를 탐험했고, 오늘날의 베네수엘라에 스페인 국기를 꽂기도 했어.

두 번째 항해

콜럼버스는 1493년 9월 두 번째 항해를 떠났어. 열일곱 척이나 되는 배와 1천 3백 명의 부하를 거느리고서 그는 해안 지역을 탐험했어. 오늘날 그 땅을 '쿠바', '자메이카', '히스파니올라'라고 부른단다.

네 번째 항해

네 번째이자 마지막 항해는 1502년부터 1504년까지 이루어졌어. 이번에는 네 척의 배만 거느리고 중앙아메리카의 멕시코와 온두라스와 파나마를 항해했단다.

"페르난도와 이사벨라는 약삭빨랐어. 팔로스 마을이 왕에게 빚을 지고 있었는데, 그걸 구실로 마을 사람들에게 명령을 내렸지. 장비를 완전히 갖춘 배 세 척을 콜럼버스한테 내주라고 말이야. 첫 번째 배 이름은 '핀타호'였어. 두 번째 배는 '산타클라라호'인데 '니나호'라는 이름으로 알려졌고, 좀 더 큰 세 번째 배는 '산타마리아호'라고 불렀지."

"그럼 이 지도는 콜럼버스가 산타마리아호에서 사용한 거였군요?" 디그비가 기대에 찬 표정으로 물었다.

"그렇지." 할아버지는 한쪽 눈을 찡긋하면서 대답했다. "이건 콜럼버스가 첫 번째 항해를 떠날 때 그린 거야. 매우 귀중한 지도란다."

"이걸 수집하고 싶어! 진짜로 아메리카를 발견하는 데 사용한 지도를 갖는 거잖아. 친구들한테 모두 보여 줄 거야." 디그비가 흥분해서 말했다.

"흥!" 한나가 못 믿겠다는 듯 고개를 저었다. 하지만 디그비는 누나를 무시하고 말을 계속했다.

"그 항해는 오래 걸렸을 거예요. 아메리카는 아주 멀리 떨어져 있으니까요."

"처음 대서양을 건널 때는 그렇게 오래 걸리지 않았어. 콜럼버스가 타고 간 배를 생각하면 말이야. 하지만 인도를 찾아 떠난 거였는데, 실제로는 네 번 모두 아메리카 대륙으로 갔어. 인도는 찾지 못했지."

"콜럼버스는 찾았다고 생각했죠." 한나가 말했다.

"그래. 하지만 자기가 신대륙을 발견했다는 생각은 전혀 못했어. 아니, 어쩌면 알고 싶지 않았는지도 모르지."

"콜럼버스 시대에는 나무로 배를 만들었단다. 대개는 참나무로 배를 만들었지. 배에는 돛대가 세 개 있었어. 그런 배를 '캐러벨'이라고 불렀지." 러미지 할아버지가 설명했다.

"나무로 만든 작은 배 모형이 어딘가에 있을 텐데……. 내 생각에는 16세기 스페인에서 사용한 배 같아. 너한테 주려고 남겨 뒀지."

러미지 할아버지가 말했다. 디그비는 활짝 웃어 보였다. 러미지 할아버지는 잡동사니가 수북이 쌓여 있는 선반으로 걸어갔다가 작은 유리병을 들고 나타났다. 유리병 안에는 작은 모형 배가 들어 있었다.

"와아!" 디그비는 신기한 듯 유리병을 들여다보면서 외쳤다.

"애개, 너무 작아서 배 위에 뭐가 있는지 아무것도 안 보이는데요." 한나가 어깨를 으쓱하며 말했다.

콜럼버스와 선원들

처음에 콜럼버스는 선원을 모으느라 애를 먹었어. 사람들은 미지의 세계로 떠나는 것을 두려워했고, 먼 바다에는 괴물이 살고 있다는 이상한 이야기를 믿기도 했지.

페르난도 왕과 이사벨라 여왕은 선원 계약서에 서명하면 어떤 죄수라도 석방해 주겠다고 제의했지만, 그 제의를 받아들인 죄수는 네 명뿐이었어. 마침내 핀손 선장이 팔로스 주변의 선원들을 설득하여 배에 태우는 데 성공했단다. 결국 아흔 명 정도가 콜럼버스와 함께 떠나게 되었어. 그들 중에는 금은 세공사, 외과 의사, 내과 의사, 서기, 통역사, 왕실 집사, 군인, 회계사도 포함되어 있었단다.

 # 세 척의 배

세 척의 배로 이루어진 작은 함대는 용감하게 팔로스 항구를 떠났어. 깃발을 휘날리며 떠난 배를 오늘날의 커다란 유조선이나 유람선과 비교하면 세 척의 함대는 아이들이 욕조에서 갖고 노는 장난감처럼 보였을 거야. '니나호'와 '핀타호'는 작고 가벼워서 바람에 맞추어 방향을 바꾸기가 쉬웠고, 모래사장이나 얕은 물가가 휘어져 굽어진 곳과 강어귀를 탐험하기에 알맞았단다. '산타마리아호'는 길이가 더 짧고 더 둥그스름했으며, 물에 떠 있을 때 높이가 아주 낮았어.

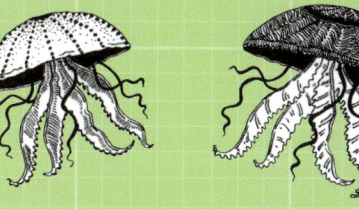

▼ 콜럼버스는 자신의 배가 썩 마음에 들지 않았어. 배가 목욕통처럼 생긴 데다가 지나치게 무겁고, 다루기 어려워서 항해에는 걸맞지 않다고 생각했지. 그의 생각은 옳았어.

 # 선상 생활

콜럼버스는 배에서 생활하기가 무척 불편했을 거야. 갑판은 늘 바닷물이 드나들었고 선원들로 북적였지. 그리고 갑판 밑에 있는 짐칸에는 보급품과 시끄럽고 냄새나는 가축들이 가득 들어차 있었어. 배는 식량과 정비 도구뿐만이 아니라, 해적의 공격을 받거나 육지에서 적대적인 주민들의 공격을 받을 경우에 대비해 무기까지 싣고 있었단다.

고생스러운 날들

넓은 바다로 나간 선원들은 바람과 파도에 시달렸어. 폭풍우가 몰아칠 때마다 비가 갑판을 후려치고, 바람이 돛을 파고들며 으르렁거렸단다. 거센 파도는 거품을 일으키며 돛대만큼 높이 치솟아 배를 물 위에 뜬 성냥개비처럼 이리저리 흔들어 댔어. 배가 뒤집히기라도 하면 끝장이었단다. 배가 무사히 집으로 돌아간다 해도 선원들 중에는 돌아가지 못하는 경우도 많았어. 콜럼버스 시대에는 선원 노릇이 쉽지 않았어.

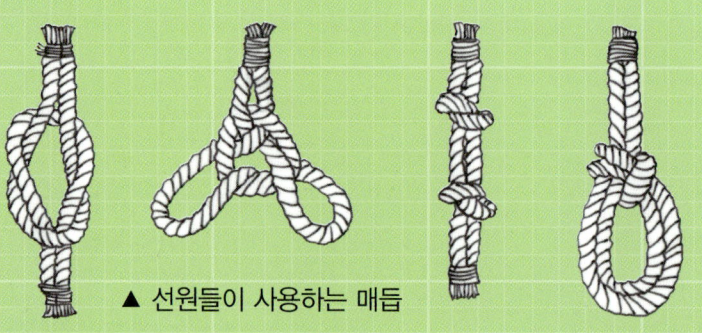

▲ 선원들이 사용하는 매듭

◀ 콜럼버스는 뱃머리에서 나무토막을 물에 던진 다음 그것이 배의 뒷부분에 이를 때까지 걸리는 시간을 재서 배의 속도를 측정했어. 그다지 정확한 것은 아니었지만, 당시 그가 쓸 수 있는 최선의 방법이었지.

바다에서의 하루

선원들은 네 시간 교대로 일했단다. 기도와 찬송으로 하루 일과를 시작하고, 그 후 돛과 밧줄을 수선하고, 짐을 점검하고, 바닥에 괸 물을 펌프로 퍼내고, 갑판의 물을 닦아 내는 따위의 일을 했어. 하루에 한 번은 갑판의 모래 구덩이에 불을 피워서 따뜻한 음식을 요리해 먹었단다. 일과를 마치고 나면 기도를 했고, 밤에는 이야기를 나누고 노래를 부르거나 그냥 별들을 쳐다보면서 시간을 보냈어.

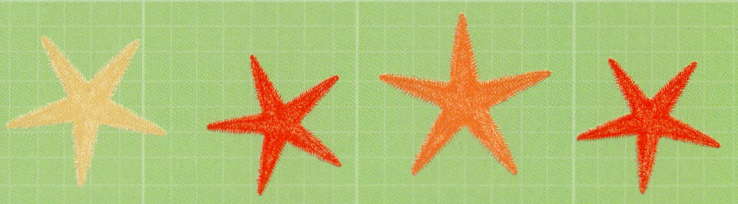

선원들의 식사

선원들의 식사는 그다지 먹음직스럽지 않았어. 소금에 절인 생선이나 고기, 구더기가 우글거리는 비스킷, 곰팡이가 핀 치즈, 물을 넣고 뭉근하게 끓인 콩을 주로 먹었고, 운이 좋으면 물을 탄 포도주도 마실 수 있었단다. 시간이 지나면 식수는 곧 끈적끈적한 초록색으로 변했고, 음식은 썩어 버렸지. 그래서 항해가 길어지면 병에 걸리거나 굶주리는 경우가 생겼단다.

"콜럼버스 시대에는 큰 배에도 여유 공간이 별로 없었단다."

"선원들이 지내는 선실도 없었어요?" 디그비가 물었다.

"없었어. 선장만 개인 숙소에서 지낼 수 있었지. 지붕도 없는 갑판밖에 잠잘 곳이 없다고 생각해 보렴. 운이 좋으면 갑판이나 밧줄 더미 속에서 물에 젖지 않은 바닥을 발견할 수 있었을지도 모르지만."

"음식이랑 물은요? 콜럼버스가 식량을 가져갔나요? 사람들은 뭘 먹었어요?"

"물고기를 잡아서 요리해 먹었겠지 뭐." 한나가 말했다.

"아마 그랬을 거다. 항해는 대개 보름도 걸리지 않았지만, 당시에는 만약을 위해 1년치 식량을 싣고 다녔단다." 러미지 할아버지가 말했다.

"그런데 정말로 콜럼버스는 자기가 어디로 가고 있는지 잘 몰랐나요?" 디그비가 물었다.

"정확한 지도가 없었기 때문에 육지가 얼마나 멀리 떨어져 있는지 전혀 알 수가 없었어. 4,800킬로미터쯤 떨어져 있을 거라고 짐작했지만, 그 짐작은 한참 빗나갔어. 계속 서쪽으로 가야 한다는 것밖에 콜럼버스는 실제로 아는 게 없었지. 때로는 선원들이 불안에 사로잡히고 불평도 했지만, 어떤 사람들이 말하는 것처럼 반란이 일어날 정도는 아니었어."

"선원들은 가망도 없는 탐험에 나섰다고 생각했겠죠." 한나가 말했다.

"때로는 그랬겠지. 아마도 제일 두려운 건 다시는 집으로 못 돌아갈지도 모른다는 생각이었을 거야."

"그런데 콜럼버스는 어떻게 항로를 벗어나지 않았죠?" 한나가 물었다.

"경험과 추측과 행운에 맡길 수밖에 없었지." 러미지 할아버지가 껄껄 웃었다.

 # 조타실에서

콜럼버스 시대에는 배를 조종하여 항해하는 것이 아주 복잡하고 어려운 일이었단다. 배에 설치된 계기가 정확하지 않았기 때문에 항해한 거리를 측정하기가 무척 어려웠어. 하지만 콜럼버스는 자연의 변화를 읽어 내는 데 천재였단다.

동서남북 방향 찾기

이따금 콜럼버스는 배의 나침반을 이용했어. 한번은 오랫동안 서쪽으로 항해한 뒤, 부하들이 깜짝 놀랐단다. 나침반 바늘이 여느 때처럼 북극성을 가리키고 있지 않았기 때문이야. 콜럼버스는 부하들을 진정시키느라 애를 먹었어. 그는 부하들에게 나침반 바늘이 아니라 북극성이 조금 움직인 것이라고 둘러댔어. 그 뒤로도 콜럼버스는 나침반을 항해에 계속 이용했단다.

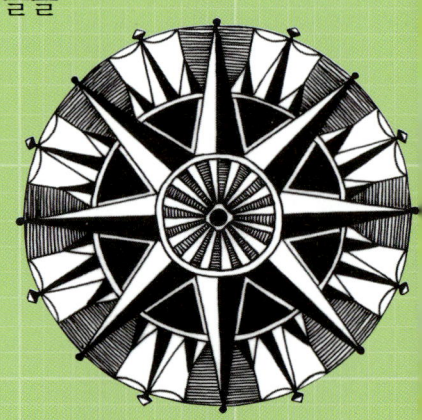

▲ 자기 나침반은 가장 중요한 항해 도구였어.

콜럼버스의 항해 일지

콜럼버스의 항해 일지는 두 개였다고 해. 하나는 자신이 보기 위한 진짜 항해 일지였고, 또 하나는 선원들에게 보여 주기 위한 가짜 항해 일지였어. 선원들이 집에서 얼마나 멀리 떨어져 있는지 모르도록 해서 마음을 편하게 해 주기 위해서였단다.

이상한 광경

콜럼버스와 선원들은 항해 도중 이상한 광경을 많이 보았어. 한번은 수면에 엄청난 양의 해조류가 떠 있는 넓은 해역을 지나게 되었단다. 현재 '사르가소 해'라고 부르는 그 지역을 지나면서, 선원들은 해조류가 배에 엉겨 붙어 배를 바다 밑으로 끌어당기지나 않을까 두려워했어. 하지만 수면 밑에서 쏜살같이 헤엄치는 기묘하고 아름다운 물고기를 보고 경탄하느라 두려움은 곧 사라졌단다.

◀ 시계가 아직 발명되지 않았기 때문에 콜럼버스는 태양이나 모래시계를 이용했어.

추측 항법

평소에 콜럼버스는 '추측 항법'이라고 불리는 가장 단순한 항해법에 의존했을 거야. '추측 항법'이란 날마다 배가 항해한 거리를 측정한 뒤, 바다 지도에 그 위치를 표시하는 것을 말해. 그리고 이튿날 그 표시를 다시 출발점으로 삼았어.

▶ 콜럼버스는 하늘을 나는 새들이 어떤 행동을 하는지, 공기에서 어떤 냄새가 나는지, 어떤 물체가 물 위에 떠서 배 옆을 지나가는지를 관찰하여 배의 위치를 파악했어.

육지다!

콜럼버스는 1492년 부하들과 함께 '산살바도르'라는 열대 섬에 상륙하여 새 역사를 썼단다. 그 자신은 미처 몰랐지만, 이 순간 콜럼버스는 유럽 사람들에게 신세계를 열어 준 것이란다.

섬 주민들

콜럼버스가 섬에서 처음 만난 사람들은 그 섬에 사는 타이노 족이었어. 하지만 콜럼버스는 자기가 인도에 도착한 줄 알았기 때문에 그들을 인도 사람이라는 뜻에서 '인디언'이라고 불렀고, 그 이름이 그대로 굳어졌어. 인디언들은 건강해 보였고, 콜럼버스는 그들이 좋은 하인이 될 거라고 생각했단다.

▼ 타이노 족은 낯선 사람을 친절하게 환영했어. 그들은 잘 조직된 깨끗한 마을에서 살았단다.

영웅의 환영

콜럼버스는 니나호를 타고 집으로 돌아가면서 핀타호보다 먼저 스페인에 닿기를 바랐어. 그런데 공교롭게도 핀손 선장이 지휘하던 핀타호가 사실상 먼저 스페인에 도착했지만, 그들이 도착한 곳은 스페인의 북쪽 끝이었단다. 한편 콜럼버스는 포르투갈에 상륙했고, 하마터면 집에 돌아가지 못할 뻔했어. 그는 스페인 왕실에 급히 전갈을 보냈고, 덕분에 경쟁자보다 먼저 고국에 도착할 수 있었어. 콜럼버스는 영웅으로 환영을 받았고 큰 보수를 받았단다. 하지만 그가 해외에서 가져온 것은 앵무새 몇 마리, 병든 원주민 몇 명, 금 한 주머니, 그리고 이국적인 식물 몇 종류뿐이었지.

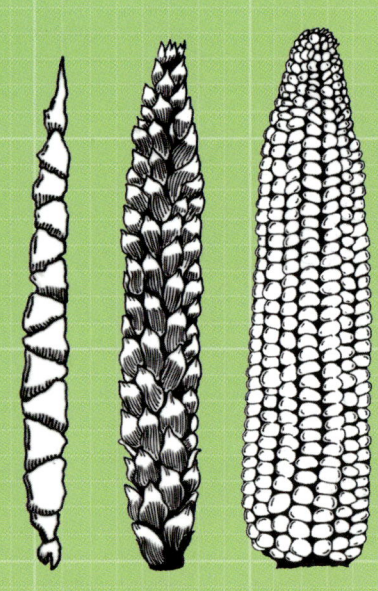

▶ 콜럼버스는 서인도 제도에서 파인애플과 옥수수를 가져왔을지도 몰라. 그리고 카카오 열매와 선인장 열매, 호박과 고구마도 가져왔을 거야.

"실제로 육지를 맨 처음 본 사람은 누구예요?" 디그비가 물었다. 러미지 할아버지는 얼굴을 바짝 들이밀며 나지막하게 말했다.

"망을 보던 로드리게스였어. 그러니까 이사벨라 여왕이 약속한 상금은 로드리게스 몫이었지. 하지만 콜럼버스는 치사하게도 자기가 전날 밤에 하얀 줄무늬를 보았다면서 상금은 자기 거라고 주장했단다."

"뻔뻔스럽기도 해라!" 한나가 외쳤다. "그러니까 콜럼버스는 결국 훌륭한 선장은 아니었군요. 그래서 그 다음에는 어떻게 됐죠?"

"콜럼버스는 해안을 돌아 섬 앞 바다에 닻을 내리고, 그 섬을 '산살바도르'라고 불렀어. '신성한 구세주'라는 뜻이지. 지금은 그게 정확히 어느 섬이었는지 아무도 몰라. 아마 바하마 제도의 와틀링 섬이 아닐까 싶지만……."

"무인도였나요?" 디그비가 흥분한 목소리로 물었다.

"아니야. 콜럼버스는 그 섬에서 원주민을 만나 거래를 하고, 쿠바를 비롯하여 더 많은 섬을 탐험했지. 그는 쿠바를 카타이 본토로 생각했어. '카타이'는 오늘날의 중국이란다. 그런데 크리스마스 직전에 산타마리아호가 산호초와 충돌해서 난파해 버렸어."

"아이고! 그래서 콜럼버스는 어떻게 했어요?" 한나가 물었다.

"다행히 섬 주민들이 달려와서 구해 주었지. 배에 실었던 보급품은 거의 다 건질 수 있었단다. 나중에 콜럼버스는 부서진 배에서 나온 목재로 마을을 짓고, 마을 이름을 '나비다드'라고 붙였어. 그건 스페인어로 '크리스마스'라는 뜻이야. 그러고는 황금을 찾도록 부하들 몇 명을 섬에 남겨 놓고 다시 항해를 떠났단다."

"그래서 황금을 찾았나요?" 디그비가 물었다.

"못 찾았을 거야. 결국 콜럼버스는 니나호를 타고 집으로 돌아갔지. 하지만 보물을 발견하지 못해서 팔로스항에 도착했을 때 자랑스럽게 내보일 만한 게 거의 없었단다."

"**가**없은 타이노 족 원주민들은 스페인에 도착한 뒤 어떻게 됐어요?" 디그비가 물었다.

"이사벨라 여왕은 그들을 집으로 돌려보내야 한다고 생각했어. 여왕은 그 원주민들을 가엾게 여겼지. 한 사람은 콜럼버스한테 입양돼서, 나중에 콜럼버스가 다른 항해를 떠날 때 동행했어."

"그럼 다른 타이노 족은 산살바도르로 돌아갔나요?"

"안타깝게도 스페인 사람들은 그들을 잘 대해 주지 않았어. 콜럼버스는 타이노 족을 스페인 배에 태워서 일을 시키면 좋겠다고 생각했지. 사실상 노예로 생각한 거야. 게다가 그들이 가톨릭교를 믿지 않는다는 이유로 미개인이라 여겼단다. 유럽 사람들은 타이노 족에게도 나름의 가치 있는 문화가 있을 거라고는 전혀 생각지 않았어."

"끔찍해요. 왜 사람을 노예로 부리려고 하죠?" 한나가 말했다.

"당시 사람들은 탐험가가 땅을 새로 발견하면, 그 땅뿐만 아니라 거기에 살고 있는 사람들까지 탐험가를 후원한 사람의 소유라고 생각했어. 이 경우에는 스페인 왕과 여왕이 후원자였지. 또 두 사람은 가톨릭 교도였고."

"하지만 다른 사람 재산을 훔치고, 종교를 이용해서 그 사람들을 노예로 만들면 어떡해요? 그건 옳지 않아요." 디그비가 말했다.

"어떤 종교를 믿든 노예 제도는 잘못된 거야. 하지만 이제 콜럼버스 이야기를 계속하는 게 좋겠구나."

대규모 함대

이사벨라

페르난도 왕과 이사벨라 여왕은 서인도 제도에 더 많은 황금과 새로운 땅이 있다는 콜럼버스의 말에 귀가 솔깃했단다. 그래서 1493년 두 번째 항해를 떠날 열일곱 척의 대규모 함대를 준비했어. 하지만 이번에는 배에 이주민 1천 5백 명이 타고 있었어. 스페인은 콜럼버스가 발견한 신세계를 차지할 생각이었단다.

콜럼버스는 나비다드에서 동쪽으로 조금 떨어진 곳에 스페인 여왕의 이름을 딴 '이사벨라'라는 마을을 새로 지었어. 하지만 그것은 좋은 선택이 아니었어. 스페인에서 온 이주민들은 농장 일에는 관심이 없고, 오로지 금만 찾고 싶어했거든. 그래서 콜럼버스는 탐험대를 이끌고 보물을 찾아 내륙으로 들어갔어. 하지만 아무것도 찾지 못하자, 그는 원주민을 붙잡아서 농사를 짓는 노예로 부리기 시작했단다.

▲ 노예선에는 사람들이 빼곡히 들어찼단다.

나비다드 마을

바다의 제독 콜럼버스가 히스파니올라 섬에 도착한 것을 알리기 위해 대포를 쏘았지만, 아무런 응답도 없었어. 펄럭이는 깃발도 없고, 환영 인사도 없었지. 해안에 상륙한 콜럼버스는 그가 건설한 마을이 불타 버리고 주민들도 모두 학살당한 것을 알았어. 정확히 무슨 일이 일어났는지는 아무도 모른단다. 하지만 탐욕스럽고 잔인한 스페인 사람들에게 진저리가 난 원주민들이 나비다드 마을을 파괴했을 가능성은 충분하지.

이주민과 원주민

스페인 사람들이 보물을 찾아 원주민 마을을 습격하기 시작하자 원주민들은 점점 화가 났단다. 일부 이주민들은 콜럼버스가 욕심이 많고 잔인하다고 불평하기도 했어. 그 중에는 병에 걸려 죽은 사람도 있고, 고향으로 돌아간 사람도 있었단다. 고통과 좌절감에 빠진 콜럼버스는 마침내 동생에게 식민지를 맡기고 스페인으로 돌아갔어.

신대륙

콜럼버스는 남아메리카 해안을 따라 항해하다가 바다로 흘러나오는 거대한 물줄기를 만났어. 대서양에서 베네수엘라로 이어지는 오리노코 강이었지. 그제야 콜럼버스는 자기가 발견한 땅이 아주 넓은 대륙이 분명하다는 것을 알았어. 그는 또다른 세계를 발견했다고 스페인에 보고했는데, 그는 그곳을 '에덴 동산'이라고 불렀단다.

트리니다드와 자메이카

콜럼버스는 계속해서 더 많은 섬들을 발견했어. 그 섬들 가운데 하나를 '성 삼위일체'라는 뜻의 '트리니다드'라고 불렀고, 또 다른 섬은 타이노 족 말인 '사마카'와 비슷하게 발음하여 '자메이카'라고 불렀단다.

콜럼버스의 굴욕

스페인에 도착한 콜럼버스는 왕과 여왕에게 불려갔어. 이사벨라 여왕은 콜럼버스가 히스파니올라 섬에서 저지른 실수를 용서했지만, '바다의 제독'이란 칭호는 들을 수 없었단다. 콜럼버스는 그 후 2년 동안 깊은 절망에 빠져 지냈어.

▲ 타이노 족은 그물 침대에서 잠을 잤어. 콜럼버스는 침대 하나를 집으로 가져왔고, 그때부터 그물 침대는 선원들의 전통적인 잠자리가 되었어.

"그러니까 큰 기대를 걸었던 두 번째 항해는 완전한 실패였어. 콜럼버스가 원주민들을 너무 함부로 다룬 까닭에 그 사람들과의 관계도 틀어져 버렸지." 러미지 할아버지가 말을 이었다.

"스페인으로 돌아왔을 때는 사람들의 빈정거림 때문에 귀가 따가웠겠군요." 한나가 말했다.

"그렇지는 않았어. 나쁜 평판이 스페인에 닿기 전에 콜럼버스가 먼저 돌아왔으니까. 하지만 세 번째 항해에 필요한 물품을 받을 때까지 1년이나 기다려야 했지."

"콜럼버스는 포기하려 하지 않았군요?" 디그비가 대단하다는 듯한 얼굴로 말했다.

"그래. 콜럼버스는 '카타이'나 '치팡고', 그러니까 오늘날의 중국이나 일본에 가기로 결심했어. 그리고 남겨 두고 온 스페인 이주민들을 계속 감시하고 싶어했지. 콜럼버스는 이주민들이 게으르고 불성실하다고 생각했어."

"그러니까 세 번째 항해는 처음부터 조짐이 안 좋았네요." 한나가 중얼거렸다.

"그렇게 말할 수도 있겠지. 콜럼버스는 배를 여섯 척이나 이끌고 떠났지만, 열대 무풍대에 몇 주 동안 발이 묶여 버렸어. 열대 무풍대는 해류도 없고 바람도 없는 적도 부근의 잔잔한 바다야. 마침내 무풍대를 빠져나온 콜럼버스는 트리니다드와 자메이카 섬을 발견했단다. 물론 이 이름은 콜럼버스가 나중에 지은 거지만……."

"그런데 히스파니올라와 이주민들은 어떻게 됐어요?" 디그비가 물었다.

"마침내 히스파니올라에 도착한 콜럼버스는 그 땅에서 전쟁이 일어난 것을 알았어. 이주민들이 두 패로 나뉘어, 한쪽은 콜럼버스의 동생을 지지했고, 다른 쪽은 프란시스코 롤단이라는 반란자를 지지했지."

"페르난도와 이사벨라가 도와줄 수 없었나요?" 한나가 물었다.

"왕과 여왕은 사태를 해결하려고 판사 한 명을 보냈는데, 그 판사는 당장 콜럼버스와 그 가족에게 쇠고랑을 채웠어. 가혹하고 탐욕스러운 총독이라는 이유였지. 그들은 명예를 박탈당하고 치욕스럽게 스페인으로 보내졌어."

"콜럼버스도 이젠 방랑 생활을 그만두고 정착할 때가 되지 않았나요? 그 사람도 나이를 먹었을 텐데." 한나가 물었다.

"너는 그렇게 생각하겠지만, 콜럼버스는 그런 사람이 아니었어. 또다시 항해를 떠나겠다고 제안했고, 스페인 왕과 여왕은 기꺼이 그를 보내기로 했단다."

"콜럼버스는 아직도 서인도 제도 문제로 왕과 여왕을 괴롭히고 있었던 거죠. 놀랍지도 않아요." 디그비가 웃으면서 말했다. 러미지 할아버지도 빙긋 웃었다.

"맞아. 당시에 '바스코 다 가마'라는 포르투갈 탐험가가 이미 아프리카를 돌아서 인도로 가는 뱃길을 발견했는데도 말이다. 그래서 페르난도 왕과 이사벨라 여왕은 더 좋은 뱃길을 찾아내도록 콜럼버스한테 한 번 더 기회를 주었을 거야. 하지만 반드시 금, 은, 향신료를 찾아 와야 하고, 히스파니올라 근처에는 가면 안 된다고 못을 박았지!"

"하지만 콜럼버스는 전혀 귀담아 듣지 않았겠죠?" 한나가 말했다.

"그래. 하지만 그건 콜럼버스 잘못이 아니었어. 폭풍이 무서워서 1502년 6월 히스파니올라 섬 앞바다에 닻을 내릴 수밖에 없었지."

"새 총독은 콜럼버스가 섬에 들어오게 했나요?" 디그비가 물었다.

"아니야. 그리고 폭풍이 닥쳐왔어.  콜럼버스는 가까운 후미로 피해서 배를 구했지. 하지만 나머지 항해를 하는 동안은 운이 없었어. 콜럼버스는 함대를 잃고, 빌린 배를 타고서 1504년 스페인으로 돌아갔단다."

최고의 항해

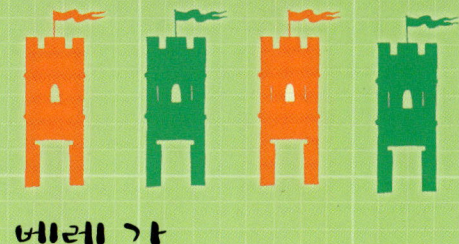

벨렌 강

콜럼버스는 파나마 서쪽에 있는 벨렌 강 어귀로 돌아가, 그곳에 요새를 짓고 내륙 탐험의 기지로 삼았어. 하지만 원주민들이 요새를 공격했기 때문에 콜럼버스는 배 한 척을 포기한 채 나머지 세 척만 이끌고 허둥지둥 달아날 수밖에 없었어.

 ## 파나마 해협

히스파니올라 섬을 떠난 콜럼버스는 파나마 해협으로 들어갔단다. 해안에서 며칠만 걸어가면 드넓은 바다가 펼쳐져 있다고 누군가가 이야기를 해 주었어. 하지만 너무 급한 상황이라 조사할 겨를이 없었단다. 만약 조사했다면, 콜럼버스는 신세계 해안에서 태평양을 본 최초의 유럽 인이 되었을지도 몰라.

콜럼버스가 네 번째 항해에서 히스파니올라 섬의 항구에 도착했을 때, 오반도 총독은 그를 항구에 들여놓으려 하지 않았어. 콜럼버스는 폭풍이 다가오고 있어서 배를 안전한 곳에 대피시켜야 한다고 설명했지만 총독은 그의 부탁을 무시했단다.

하지만 자연은 콜럼버스 편이었어. 그가 가까운 후미로 피난해 있는 동안 폭풍이 닥쳐와서, 오반도 총독은 배 스물네 척을 잃었단다. 죽은 사람들 중에는 콜럼버스의 적인 보바디야 판사와 반란자 롤단도 포함되어 있었어. 콜럼버스는 그들이 천벌을 받았다고 생각했을 거야. 식민지에서 가져온 값진 물건들 중에서 자신의 몫을 실은 배는 이미 스페인에 돌아가 있었기 때문에 더욱 그렇게 느꼈을지 모르지.

다시 스페인으로

섬에 고립되다

그동안 돌보지 않은 배들은 썩어서 물이 새기 시작했어. 바다에 사는 벌레들이 나무를 갉아먹어서 그런 거였지. 결국 배들을 자메이카 섬 해안에 끌어올리거나 앞바다에 버린 채, 콜럼버스는 선원들과 함께 1년이 넘도록 섬에 고립되었어.

자메이카 사람들을 속이다

선원들에게 식량과 보급품을 대 주던 자메이카 사람들이 갑자기 아무것도 가져오지 않게 되었단다. 선원들은 병들고 약해졌어. 그러자 콜럼버스는 자메이카 사람들에게 식량을 가져오지 않으면 하늘에서 태양을 없애 버리겠다고 거짓말로 위협했지. 사실 그는 일식이 일어날 것을 알고 있었단다. 섬 주민들은 콜럼버스의 신비한 능력에 겁을 먹고 당장 다시 도와주기 시작했어.

말라리아와 반란

시간이 지나자 콜럼버스와 다른 선원들이 말라리아나 그 밖의 열대 풍토병에 걸리기 시작했어. 콜럼버스는 질서와 규율을 유지하려고 애썼지만 선원의 절반이 반란을 일으키는 바람에 상황은 더욱 나빠졌지.

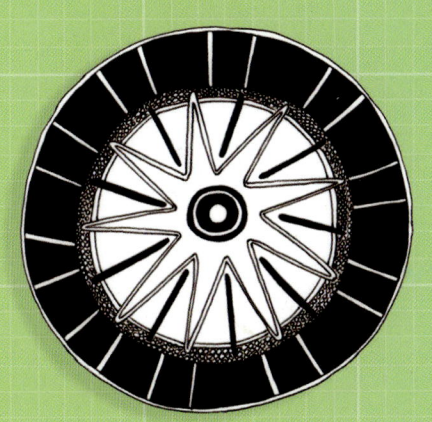

◀ 원주민들이 부족의 상징으로 사용하는 태양 새와 태양 수레바퀴는 일식에서 영감을 얻은 거야. 새의 몸 한가운데에 태양 같은 눈이 하나 달려 있어.

마침내 구조되다!

마침내 디에고 살세도라는 용감한 선원이 카누를 타고 해협 건너편 히스파니올라로 도움을 청하러 가기로 했단다. 섬에 도착한 살세도는 오반도 총독에게 배를 한 척 달라고 부탁했지만, 총독은 일곱 달이나 시간을 끈 뒤에 겨우 배를 내주었어. 콜럼버스는 희망을 잃고 슬픔에 잠겨 스페인으로 돌아갔단다.

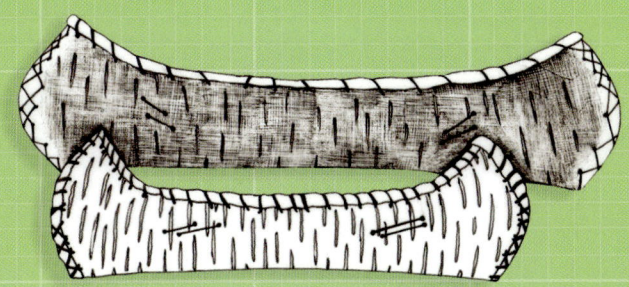

"그래도 콜럼버스는 정말 운이 좋은 탐험가야. 죽을 고비를 얼마나 많이 넘겼는데."

"그러게. 적대적인 원주민만이 아니라 부하들한테도 죽을 뻔했지. 물에 빠져 죽거나, 병에 걸려 죽을 수도 있었어." 한나도 같은 생각이었다.

"불행히도 병에 걸려 죽은 건 타이노 족 원주민이었단다. 콜럼버스의 배를 타고 스페인에서 온 이주민들이 병을 옮겼기 때문이지. 콜럼버스가 오기 전에 그 섬들에는 1백만 명이 넘게 살고 있었던 모양인데, 20년 뒤에는 절반이 넘는 수가 죽었어."

"아니, 병 때문에 인구의 절반이 죽을 수도 있나요?" 디그비가 말했다.

"그럼. 그리고 노예 제도와 싸움 때문에 죽은 사람도 있었지. 그런 불행한 일들도 있었지만, 콜럼버스가 놀라운 발견을 했기 때문에 우리는 그를 훌륭한 사람으로 기리고 있단다."

"콜럼버스를 어떻게 기리고 있어요?" 한나가 물었다.

"미국에는 콜럼버스의 날도 있고, 캐나다의 '브리티시컬럼비아'나 미국 오하이오 주의 '콜럼버스'처럼 콜럼버스의 이름을 딴 지명도 많아."

"알았어요. 그런데 아메리카는 왜 콜럼버스의 이름을 따지 않았나요?" 디그비가 물었다.

"아메리카는 탐험가 아메리고 베스푸치의 이름을 땄기 때문이지. 그건 또다른 이야기란다."

37

"그래서 콜럼버스는 어떻게 됐어요? 그렇게 많은 일을 했는데, 마지막에는 아무도 콜럼버스한테 관심이 없었나 봐요." 디그비가 말했다.

"그렇지는 않았어. 콜럼버스는 혼자 남겨진 채 가난하게 죽었다는 이야기가 있지만……."

"이사벨라 여왕이 도와줄 순 없었나요? 여왕은 콜럼버스를 좋아한 것 같은데." 한나가 물었다.

"안타깝게도 여왕은 콜럼버스가 돌아온 뒤 얼마 지나지 않아서 중병에 걸려 죽었단다. 그리고 콜럼버스도 건강이 별로 좋지 못했어. 바다에서 너무 오랜 세월 형편없는 음식을 먹으면서 보낸 데다가 류머티즘까지 콜럼버스를 괴롭혔지."

"콜럼버스는 실망도 컸을 거예요. 어쨌든 아시아로 가는 뱃길을 끝내 찾지 못했으니까요." 디그비가 말했다.

"하지만 콜럼버스는 끝까지 아시아를 발견했다고 믿었어. 수도원에서 몇 달을 보낸 뒤, 자신의 칭호를 돌려 달라고 왕에게 편지를 썼지. 칭호는 돌려받지 못했지만, 서인도 제도에서 가져온 재물 일부를 받았단다."

"그럼 금을 많이 받았겠네요?" 디그비가 말했다.

"그래. 콜럼버스는 충분히 편안하게 살 수 있었어. 슬픔에 잠겨서 불행한 죽음을 맞았겠지만……."

그때 디그비는 빌지 부인이 누렇게 바랜 양피지 한 장을 쓰레기 수레에 아무렇게나 던져 넣는 것을 보고 소리쳤다.

"아줌마, 뭐 하시는 거예요?"

"여긴 항상 쓰레기가 널려 있잖아. 왜 가게를 깔끔하게 정리하지 못할까?"

빌지 부인이 투덜거렸다. 한나가 달려와서 빌지 부인의 수레에서 지도를 끄집어냈다.

"이건 쓰레기가 아니에요, 아줌마. 귀중한 지도라고요."

"흐음. 내 눈에는 쓰레기처럼 보이는데." 빌지 부인이 대꾸했다.

"당장 클럼프머거 아저씨한테 가야겠어요. 이걸 안전하게 보관할 수 있도록 액자에 넣어 줄 수 있는지 물어볼래요. 그리고 벽에 걸어 놓고 다른 어떤 보물보다 소중히 간직할 거예요. 이 지도는 충분히 그럴 가치가 있어요." 디그비가 말했다.

"그래." 러미지 할아버지가 눈을 빛내면서 말했다. "그럼 잘 가거라. 다음 토요일에 또 보자꾸나."

아메리카

콜럼버스가 도달한 땅은 결국 1501년 아메리고 베스푸치의 이름을 따서 '아메리카'로 불리게 되었어. 서인도 제도로 항해한 베스푸치는 자신이 새로운 땅을 발견했다고 주장했단다. 그래서 아메리카는 그의 이름을 땄지. 하지만 나중에야 사람들은 그 전에 콜럼버스가 이미 아메리카를 발견했다는 사실을 깨달았어.

콜럼버스의 날

미국에서는 10월 둘째 월요일을 '콜럼버스의 날'이라 부르고, 휴일로 정하여 콜럼버스를 기린단다. 사람들은 이날을 '발견의 날' 또는 '상륙 기념일'이라고 부르기도 해. 이날 뉴욕, 로스앤젤레스, 샌프란시스코 같은 대도시에서는 특별한 시가행진이 벌어진단다. 스페인과 남아메리카에서도 매년 10월 12일을 '콜럼버스의 날'로 기념하고 있어.

▶ 미국의 거의 모든 도시에 콜럼버스 동상이 있어.

 # 콜럼버스에 대한 기록

콜럼버스의 첫 번째 항해에 관한 것은 대부분 콜럼버스의 항해 일지를 통해 알려졌다. 하지만 지금 남아 있는 것은 콜럼버스가 직접 쓴 것이 아니라, '라 카사'라는 사람이 베낀 사본뿐이다. 여기에는 콜럼버스가 직접 말하는 것처럼 쓴 부분과, 객관적인 사건을 적은 부분이 있다. 하지만 문서가 원본이 아니기 때문에 사실인지 아닌지에 대해서는 알 수가 없다. 어떤 기록은 항해를 좀 더 흥미진진하게 보여 주기 위해 과장한 것도 있다.

다른 사람들도 콜럼버스에 대한 글을 썼지만, 모두 그가 죽은 뒤에 쓴 것이다. 콜럼버스의 아들도 글을 남겼는데, 그 기록 또한 모두 사실이라고는 믿을 수 없다. 확실한 것은, 콜럼버스의 신대륙 발견을 둘러싸고 수많은 신화와 전설이 생겨났다는 것이다.

 ## 콜럼버스의 놀라운 이야기! 진짜? 가짜?

가짜 콜럼버스는 지구가 둥글다는 사실을 증명하려고 항해를 떠났다.
진짜 1492년 콜럼버스는 지구의 크기까지는 알지 못했지만, 지구가 둥글다는 사실은 대부분 알고 있었다.

가짜 이사벨라 여왕은 콜럼버스가 항해를 떠날 때 비용을 마련하기 위해 왕관에 박힌 보석을 팔았다.
진짜 팔로스 마을이 배 두 척을 제공했고, 이탈리아 금융업자가 자금을 지원했다.

가짜 콜럼버스의 배에 탄 승무원들은 모두 범죄자들이었다.
진짜 네 명만이 죄수였고, 나머지는 경험이 풍부한 선원들이었다.

가짜 콜럼버스는 첫 항해 때 큰 함대와 많은 승무원을 이끌었다.
진짜 승무원은 겨우 아흔 명이었으며, 오늘날의 기준으로 보면 작은 배 세 척을 타고 대서양을 건넜다.

가짜 콜럼버스는 스페인으로 돌아왔지만 감옥에서 쓸쓸하고 불쌍하게 죽었다.
진짜 그는 부자로 살았고 가족들이 지켜보는 가운데 죽었다.

가짜 콜럼버스는 북아메리카 땅에 발을 내디딘 최초의 유럽 인이었다.
진짜 그는 카리브 해의 섬 주위를 항해했고, 중앙아메리카와 남아메리카 해안을 따라 항해했다.

어휘 사전

- **개종** : 믿던 종교를 바꾸어 다른 종교를 믿는 것을 말해요.
- **난파** : 배가 폭풍우나 암초를 만나 부서지거나 뒤집히는 것을 말해요.
- **무어 인** : 8세기경 이베리아 반도를 정복한 이슬람 교도를 막연히 부르던 말이에요. 11세기 이후 북아프리카나 아시아의 이슬람 교도를 뜻하는 말로 쓰였다가 15세기경부터는 이슬람 교도를 이르는 말이 되었어요.
- **무풍대** : 바다에서 일 년 내내 또는 계절에 따라서 바람이 거의 없는 지역이에요. 대표적으로 무역풍과 편서풍이 나누어지는 위도 30도 부근 중위도와 무역풍이 만나는 적도 지역을 들 수 있어요.
- **미개인** : 문명이 발달하지 못하여 사는 수준이 낮은 미개한 사람을 이르는 말이에요.
- **서인도 제도** : 중앙아메리카의 동쪽 바다에 활 모양으로 흩어져 있는 섬 무리를 말해요. 앤틸리스 제도와 바하마 제도로 이루어져 있어요. 커피, 담배, 야자, 바나나, 파인애플, 목화 따위가 많이 나요. '서인도 제도'란 이름은 콜럼버스가 인도의 서부로 착각한 데서 유래했어요.
- **이주민** : 다른 곳으로 옮겨 가서 사는 사람 또는 다른 지역에서 옮겨 와서 사는 사람을 말해요.
- **일식** : 해가 달에 가려서 부분이나 전체가 보이지 않게 되는 현상을 말해요.
- **적도** : 지구에서 해에 가장 가까운 곳을 한 줄로 이은 선을 말해요.
- **조타실** : 배를 움직이는 장치인 키를 조종하는 장치가 있는 방을 말해요.

- **캐러벨** : 포르투갈에서 13세기 최초 개발된 연안 어업용 배를 말해요.
- **향신료** : 고추, 후추, 파, 마늘처럼 맵거나 향기로운 맛을 더하려고 음식에 넣는 거예요.

찾아보기

그라나다 전투 18
리스본 16, 17
무어 인 18
바스코 다 가마 34
사르가소 해 27
산살바도르 28, 29, 30
산타마리아호 21, 23, 29
아메리카 13, 15, 21
이사벨라 여왕 18, 19, 22, 29, 30, 31, 32, 34, 38, 40
자메이카 20, 32, 33, 36
제노바 13, 14, 15, 16, 17
트리니다드 32, 33
팔로스 항구 20, 23

켄조
이발사이며 다양한 옷차림에 어울리는 가발을 많이 갖고 있다. 이발 가위를 즐겨 사용한다.

크리시
중고 옷가게 주인이다. 디그비와 한나가 러미지 할아버지의 이야기에 나오는 인물들을 연기할 때 필요한 옷들을 빌려 준다.

유세프
전 세계를 두루 여행했다. 흥미진진한 여행을 추억할 수 있는 기념품들이 가방 하나에 가득하다.

새프런
예쁜 천막 밑에 이국적인 향신료 가게를 차려 놓고 냄비와 프라이팬, 허브, 향신료, 기름, 비누, 염료 따위를 판다.

버즈
마을의 온갖 소문을 알고 있다. 목에 건 나무 상자에 사탕과 빵을 담아서 길거리를 돌아다니며 판다.

폴록 아저씨
아저씨의 장난감 가게에는 꼭두각시 인형과 흔들 목마, 장난감 비행기, 목각 동물 인형 등이 가득하다. 모두 아저씨가 손수 만든 것들이다.

픽시
점쟁이 아가씨. 특이한 천막 안에서 향과 양초, 바르는 물약과 먹는 물약, 수정 구슬을 판다.

프루
한나의 가장 친한 친구로 자기만의 생각에 빠질 때가 많다. 특히 분장하고 옷 갈아입는 걸 좋아해서 그런 일이 생기면 졸졸 따라다닌다.

제이크
디그비의 친구. 상상력이 뛰어나고, 언제나 짓궂은 장난을 칠 생각만 한다.

카벙클 대령
고물 지프차의 짐칸에 군복과 훈장, 깃발, 칼, 투구, 포탄, 방독면 따위를 진열해 놓고 판다.

그레이트 피플 시리즈

벼룩시장에 있는 만물상 할아버지 가게에는 수많은 물건들이 저마다 흥미진진한 사연을 가지고 있습니다. 아이들은 용돈으로 벼룩시장 물건을 사고, 그때마다 덤으로 따라오는 위인들의 놀라운 이야기를 듣습니다.

★ 개정 교과서에 나오는 인물 수록, 풍부한 배경 지식을 담은 사진 자료
★ 시오노 나나미의 〈로마인 이야기〉, 〈꽃들에게 희망을〉 등을 번역한 김석희 선생님 완역

1 레오나르도 다빈치의 팔레트 • 2 마틴 루서 킹의 마이크 • 3 클레오파트라의 동전 • 4 콜럼버스의 지도 • 5 모차르트의 가발
6 닐 암스트롱의 월석 • 7 마르코 폴로의 비단 지갑 • 8 셰익스피어의 깃털 펜 • 9 시팅 불의 손도끼 • 10 나폴레옹의 모자
11 알렉산더 대왕의 시집 • 12 갈릴레이의 망원경 • 13 간디의 안경 • 14 율리우스 카이사르의 샌들 • 15 스콧 선장의 스키
16 라이트 형제의 글라이더 • 17 바르바로사의 보물 상자 • 18 마더 테레사의 자선냄비 • 19 쿡 선장의 부메랑
20 빅토리아 여왕의 다이아몬드 • 21 방정환의 잡지 • 22 스티브 잡스의 컴퓨터 • 23 넬슨 만델라의 바지
24 나비박사 석주명의 포충망 • 25 신사임당의 쟁반 • 26 김수환 추기경의 탁상시계 • 27 세종 대왕의 목욕 수건
28 백남준의 텔레비전 • 29 장영실의 해시계 • 30 허준의 약탕기 • 31 정약용의 편지

그레이트 피플 시리즈는 계속 출간될 예정입니다.